그 큰 뜻을 헤아리고 있사오니
이제부터는 하늘의 잣대가 아닌
인간의 잣대로 벌하여 주소서

누가 하느님의 자식인가

유대인이 하느님의 자식이든

이슬람이 하느님의 자식이든

인간 모두가 하느님의 자식이든

그 누구도 하느님의 자식이 아니든

그런 것은 중요하지 않아요

오늘은 하느님이

하느님의 종아리를 치셔야 하는 날

자식을 잘못 키운 게 하느님의 죄요

지구에 인간들을 살게 하면서도

막살게 한 것이 천체 창조자로서의 죄라

이들을 잘못 관리한 죄가 있음에

종아리를 맞으시는 겁니다

지금 세상은 인간들의 잘못된 교육의 폐해로

병들어가고 있다는 것을 아십니까

하느님을 대리하는 인간들이 문젭니다

그들이 더 이상 세상을 분탕질 치지 못하게 하소서

창조자이신 하느님

오늘은 독생자를 보내신 날

산은 우리가 살아가는 자연의 일부이자
우리들의 생명줄이라는 것만 염두에 두시게
당신이 산 하나 오르기 위해 버리는 쓰레기가
후손들의 삶 자체를 흔든다는 것 잊으면 안 되네

산을 오르고 싶을 때
순수한 맘이 아니면 오르지 마시게

산을 오를 땐 그냥 오르시게

공명심 같은 건 버리시게

산이 가지고 있는 여러 가지 현황

특징 등을 고려하고 철저하게 준비해서

나로 인하여

다른 사람들이 불편하지 않게 하시게

산은 높으나 낮으나 위험하긴 마찬가지라네

준비가 소홀하면 자연은 콕 짚어서

대가를 치르게 한다는 것을 명심하시게

산을 멀리서 바라보는 것으로는 안 되겠지만

산악인들처럼 산을 오르면서

공격이라는 말을 써서도 안 되네

자연을 무슨 명분으로 공격한다는 건가

자연 몇 군데 접해 보고 그랜드슬램 달성이면

얼마나 자연을 경시하는 자세인 줄 알아야 하네

앞으로는 그런 말도 쓰지 마시고

농부가 한 해 농사를 짓는 것처럼만 하시게

산에 오르는 이유

내가 산을 오르는 이유는

더 높이 올라서

바벨탑처럼 하늘에 닿으려는 것이 아니다

세상에서 제일 높은 봉우리 14좌에 서서

그랜드슬램을 달성하려는 것도 아니고

잠시나마 세상을 내 발밑에 두는

기쁨을 누리려는 것은 더욱 아니다

다만 산에 오르면서

산에 사는 이름 모를 풀이며 나무 새

산짐승들과 같이 호흡하는

즐거움을 공유하기 위해서다

천천히 산에 오르면 늦어지는 시간만큼

산과 조금 더 친숙하게 되고

그날 밤은 꿈자리가 편해진다

전투하듯이 산에 오르는 사람들과의

산행이 불편한 이유이기도 하다

오늘도 산에 오르지만 목적지는 없다

가다가 지치면 내려오는 게 목적지다

십이월 첫날에

해가 쨍쨍해도 좋고 눈이 와도 좋은데
비만 내리지 않게 하소서
추운 겨울에 우산까지 쓴다면
집 밖에는 나가보지도 못할 거라는 이유 때문입니다
인생의 즐거움을 위하여
나이가 들수록 욕심을 버리고 사랑하는 사람
좋아하는 사람들과 많은 시간을 보내게 하소서
한 달만 참으면 되는데 그 새를 못 참고
올해 전체를 반성과 회한으로 후회하지 않게
건강한 생각으로 한 해를 마무리하게 하셔서
세상을 진정으로 사랑하는 사람이 되게 하소서

이 나이의 명상법

마음을 비우고
머리를 맑게 하는 것이 아니라네
하고 싶었던 것 그려가며
좋았던 일 그려가며 집중하게 되면
세상이 내 머리속에 들어와서
맑게 자리한다네
처음엔 조금 낯설겠지만
이쯤에서
더 심층적으로 집중하게 되면
머리에서 땀을 흘리게 되는
뇌의 운동 무아지경에 도달한다네
기존의 명상법을 적용한 명상을
사십 년이나 해 왔지만
이제서야 그 방법이 틀렸음을 안다네
명상은 상념을 다 내려놓는 것이 아니라
일관되게 집중하는 것이라네
머리는 쓸수록 진화하며
그 훈련법이 명상이라네

춤

오늘은 축제의 날

일 년 삼백육십오 일을 산다는 게 축제지만

그래도 오늘은 춤을 추자

이 춤은 한번 시작하면 멈출 수 없는 춤

이 생이 다하는 날까지 춤을 추자

지금까지 힘들었던 기억 내려놓고

나이완 상관없이 꿈을 하늘에 그리면서

춤을 막춤을 추자

그리고 싫어하는 사람

가장 미워하는 사람에게도 윙크를 보내자‥、

종교만 없었어도 유토피아였을 땅을

신의 이름으로 천당과 지옥으로 나눈

사람들에게도 참 기도를 대신해 주자

우리가 아니면 누가 관심을 가지랴

오늘은 축제의 날 막춤을 추자

그렇고 그런 날
우울한 날
마음이 편한 날

일 년의 대부분은

그렇고 그런 날이다

우울한 날은

또 한 해를 보내는 날

진짜 우울한 날은

새해를 맞으며 어떻게 살 것인가

불면의 밤을 보내는 날

마음이 편한 날은

함박눈이 펑펑 쏟아지는 날

하지만 그날은 정작 그리움에 치를 떨지만

비가 억수로 쏟아지는 날은

오랜만에

그리움을 잊고 꿈을 꾸는 날이다

주민등록증의 나이를 지웁니다

오늘부터는
건강나이로 내 나이를 정하려고 합니다
백 세를 살아내려면 백오십 세를 목표로 삼아야
살 수 있듯이 건강관리를 좀 해보려고 합니다
은퇴한 벗들로 가득한 세상에서
더 넓은 세상으로 눈을 돌려도 보고
변화된 트렌드에 맞춰서 공부도 하고 적응도 해서
잘할 수 있는 일을 하나씩 찾아가려 합니다
멋진 인생을 위하여 필요로 하는 돈을 벌고
건강한 삶을 유지하기 위해서
먹거리에 좀 더 신경을 쓰고
즐겁고 행복한 운동을 하면서
사랑도 다시 시작을 해봐야겠습니다
그리고 일주일에 삼 일 정도는 충분히 쉬면서
여행도 자주 다녀야겠습니다
이제부턴 주민등록증의 나이가 내 나이가 아니라
국가의 나이와 내 인생의 나이를
철저하게 구분해야겠습니다

행운은 자신을 벤처 상품으로 놓고서
객관성 다양성에 창의성이
시장성과 맞아떨어질 때
터지는 잭팟 같은 것이다
가을은 급하게 저물어가고 있다
급할수록 자신를 찬찬히 돌아보며
행운을 찾아가자

행운에 대한 고찰(考察)

행운은 기다리는 사람에게만 온다
극한 상황에 처해 있더라도
꿈을 가지고 있는 사람에겐
행운이 외면하지 않는다
자신의 꿈에 사랑을 덧칠하고
첫사랑처럼 마음을 조이며 기다리면
행운은 부끄러움을 타며 다가오는 법
나는 살아오면서 무엇을 잘못했을까
확률은 작더라도 기회는 있는 법인데
나는 수십 년째 제자리를 맴돌고 있다는
자책을 하지 말고 용기를 가져라
착하게 산다고 열심히 산다고
행운이 오는 것은 아니다
행운은 기다리는 사람이 많기 때문에
마음을 비우지 않고
끝까지 염원하는 사람에게만 기회가 있다
행운은 기도를 열심히 하는 사람에게
하느님이 주는 것이 아니다

핑계를 대지 마

술을 먹으러 갈 때마다 핑계를 대다 보니
알만한 사람들은 다 죽였고
안면 있는 사람들은 이혼에 재혼까지 시켰었다
이제는 인력난으로 더 이상 핑계를 댈 곳이 없다
총각 때 사귀던 여자가 당신 아이라고
데려왔다던가 납치를 당했다던가
눈을 뜨니 알래스카라던가
"여보, 추워요 칠흑 같이 어둡고 깊은
무덤 속 같아요 빨리 구해줘요"
세상엔 남자의 거짓말을 믿는 여자가 없다
그냥 미친 척 들어주는 거다
건국절 광복절 그게 그거인 것 같아도
자주독립이 없으면 핑계를 대야 하니
그게 슬프다
그렇게 수십 년을 보냈으면서도
깨닫지 못하는 인생들이 너무 많이 있구나

월요일 새벽비를 보냅니다

떠난 사람은 기다리지 마세요
설혹 돌아온다고 해도 잠시 들린 걸뿐
반복된 악연이라 생각하세요
사랑은 양보가 시작이라고 말하지만
양보는 아집과 독선을 만들게 되네요
그래서 사랑이 떠나간답니다
소중한 것을 나이가 들어서도
모르는 사람은 모른답니다
절대 변하지 않는 것 한 가지 꼽으라면
성격이에요
그냥 힘 없다고 참다 보면
당신도 성격이 같아진다는 거예요
새벽비는 기다리는 것이 아니라 맞는 것
오늘 새벽비를 보냅니다

여름에 겨울을 그리워하네

살다 보니 여름에 겨울을 그리워한다
여름은 여름대로 겨울은 겨울대로
다 나름대로의 특성이 있기 마련인데
어쩌자고 여름을 버리려고만 하는가
지난밤엔 컴퓨터 배경화면도 K2로 바꿔놓고
휴대폰 배경화면도 설산 풍경으로 바꿔보았다
그리고 맥주 한 병과 서민막걸리 한 통을
뜨거운 뱃속에 밀어넣었다
나는 오늘도 겨울을 그리워한다
요즘 더위는 더위가 아니라
전생의 노름빚이 따라다니는 것 같구나
해마다 태풍이라도 가끔 지나가더니
올해는 다 일본으로 건너갔다고 한다
그래라 일부러 사우나도 하는데
이 정도쯤이야 하면서도
눈은 내리지 않더라도 비는 내려줘야지
여름아 야속한 여름아

덥다고 세상 모두가
손을 놓고 사는 것은 아니라네

꽃도 피웠고

서로의 마음도 나눴고

사랑을 하기에도 바빴다네

하루 하루는 이렇게 간다네

자연계는 아무리 극한상황이라도

맡은 일을 미루지 않는다네

오늘 우리는 무엇을 할까

무엇이 되려고

바둥바둥 사는 걸까

하루를 지내도 이곳에선

기생하는 모습을 보여선 안 되네

달 보러 나가세

말복에 달이 뜬다고 한다
언제는 달이 안 떴던가
상해의 밤 그리고 달
남양주의 밤 그리고 달
같지만 다르다
달 보러 나가세
이 더위에 달 보러 나가는 게
미친 짓인 줄 알면서도
귀한 손님이라도 만날까 해서 나간다
내일은 광복절
그때나 지금이나 변한 건 없고
사람만 거의 바뀌었구나
광복절 이브에 아직도 기뻐서
지금도 치욕스러워서
달 보러 나간다

땅에는 눈이 가득하고
하늘에는 별이 가득합니다

더위에 지친 당신에게
별과 눈을 보냅니다
당신의 추억 위로
축복처럼 쏟아지는 수만 광년의 별빛과
수만 년 동안 당신을 오매불망 기다려 온
흰 눈을 맞으소서
지금 새벽 세상은
떨어질 유성들이 당신이 소원을 빌기를
애타게 기다리고 있습니다
평화로운 그곳에서 당신을 위해 펼쳐질
우주쇼의 파노라마를 즐기소서

맑은 물을 만나면

맑은 물을 만나면
지금까지의 내 인생을 다시 돌아보게 한다
나도 저 물처럼 나를 통해서 비칠
많은 인연들이 굴절되지 않고
원래 모습 그대로 보일 수 있는 사람일까
나름대로는 착하게 살았다지만 남의 눈에
피눈물을 흐르게 한 적은 없었을까
아니다, 나는 사랑조차도 배신했던 사람
자식과 부모를 힘들게 한 사람
입만 열면 거짓말을 밥 먹듯이 했던 사람
그 짧은 윤동주 님의 서시를
아직도 못 외우는 사람
맑은 물을 만나면 왜 부끄러워질까
발을 담가보겠다던가 세수를 해보겠다던가
하는 생각이 나지 않는 걸까
오늘도 맑은 물 앞에서
남은 인생을 어떻게 살아야 할지
반성을 해본다

아침부터 바람이 불더라

바람은 부는데 나뭇잎조차 미동도 않더라
이러다 말겠지 그러다 말겠지
지금 자연계는 서로의 불신으로
각자 생을 도모하고 있는 중에
바람이 지나간 자리 위로
비가 내리더라
나뭇잎들은 잎을 말고 서서
장엄한 아침을
컵라면 먹듯이 후루룩대고 있더라
비는 비대로 지쳐서
제자리를 찾지 못해 멈췄고
바람이 불건 비가 내리건
의미가 없는 시간이 가는데
더위에도 이골이 나서
기상예보도 그러려니 하다 보니
팔월도 제법 멀리 왔구나

우리는 덥겠지만 아이는
이 모든 것이 재미있답니다

아이는
더위도 소나기도 재미있기만 합니다
어른에게는 찌는 듯한 더위겠지만
아이에겐 놀거리가 지천에 깔려 있답니다
선풍기 바람 조금 쐬면 뛰어나가고
물속에 한 번 들어가면 나올 줄을 모릅니다
그렇게 여름을 보내면서도
건강하게 자라는 아이들이 있어서 행복합니다
우리에겐 모두가 위기로 보이지만
아이들의 눈엔
미래의 기회로 보이는 세상이 왔습니다
우리가 이십 대에 보던 세상을 지금은
아이들이 봅니다
이제 지켜보면서 그들의 앞길을
열어 줄 때입니다

혼자서 비를 기다린다

비를 기다린다고 비가 올리 만무하다
비가 어디 하늘에서만 내리겠는가
가슴속에서도 내리고
사람과 사람 사이의 경계점에도 내리고
기우제를 준비 중인
제단 위에도 비구름이 가득하다
지금까지 살아오면서 이렇게 더워 보긴
처음이다
설치만 하면 잘 가동될 에어컨은
골방에서
이래도 이래도 하면서 시위 중이다
뜨거운 김치찌개와 모시떡 그리고
소주를 놓고 더위와 대치해 본다
연애편지를 보내놓고
긍정적으로 기다리는 시간처럼
하루가 그래도 지워지고 있다
어쨌거나 오늘도 혼자서 비를 기다린다

십일월의 눈

십일월의 눈은 강산에 쌓이는 것이 아니라
가슴속에 쌓인다
눈은 내리면서 소리 죽여 운다
이미 가슴속엔
눈이 녹으면서 생긴 설움으로 가득하다
저마다 말은 안 하지만
같은 세상을 살고 있는 사람들은 안다
오늘이 가면 다들 바뀔 것이다
올 한 해 품고 있던 슬픔은 잊어버리고
그냥 습관처럼 한 해를 망각할 것이다
십일월의 눈이 내린다
너와 나 우리들의 식어가는 가슴에
지난날 슬픔이 녹고 있다

5부

독수리처럼

새해에는 올해보다 더 높은 곳에서

더 낮은 세상을 보겠습니다

구석구석까지 보이지 않는 곳을 살피며

손을 뻗어주면 잡을 수 있는 사람을 찾겠습니다

맑고 건강한 사람들이 꾸려가는 사회

그곳이 아무리 힘난하다 하더라도

내가 세상에서 받은 것들을

돌려줄 수 있도록 노력하겠습니다

독수리처럼

서두르지 않고 내 사랑의 상승기류를 타고서

지구 자전의 반대 방향으로 내가 할 일을

찾아보겠습니다

새해에는 올해보다 더 낮은 곳에서

더 높은 세상을 보겠습니다

주무세요
나는 아직 졸리지 않은데
당신 혼자 재울 순 없잖아요
세상이 변해도 당신을 믿고 따를
사랑하는 사람이 보내는 잠투정이에요

주무실 거예요

주무세요
초저녁인데 지금부터 주무시면
긴긴밤 어쩌시려고요
눈이라도 오려는지 하늘은 흐리고
기온은 영하로 내려갔네요
팥죽을 쑤어보려고 팥을 삶고 있는데
새알도 있어야겠지요
누굴 위해서 음식을 만들어 보지 않았지만
당신을 위해선 해야겠어요
당신이 만들려는 세상 당신이 사귀고픈 사람
당신이 아끼고 사랑하고 가고 싶은 고향 땅이
당신이 잠든 모습 눈가에 아련히 비치네요
우린 언제부터 몸 따로 마음 따로 놀게 되었을까
잠이 든 익숙하지 않은 모습에서
지난날 어렵고 힘들어도
용기를 잃지 않았던 당신이 생각나네요
오늘 긴긴밤에
세월도 같이 잠들어 버렸으면 좋겠어요

문이 열리면

몇 년만에 만나는 어머닌 어떤 모습일까
귀신으로 올까 아님 어떤 형상으로 올까
햇살 밝은 조청 같은 봄날에 꿈으로 만나게 되는
어머니
오늘 하루 하느님의 허락을 구하기 위해
얼마나 많은 간절한 기도를 올렸었던가
만남의 자리에 문을 열고 나오신 어머니
나보다 더 젊어 보인다
"곱니 그래 하느님이 이 모습이 좋겠다고 해서
차려입었는데 너는 머리가 더 빠졌구나
아들아 내가 사는 곳에선 머리가 중요하지 않단다
머리보단 선행으로 등급이 매겨지는 저승이라서
열심히 산 내가 중간쯤은 되니 너무 걱정 말아라
하지만 자식의 선행도 포인트로 가산한다니
착하게 살다 오너라
그리고 네 세상에 저승의 선행 포인트를 널리
홍보해다오"

막걸리 블루스

삭풍이 몰아치던 겨울밤
초가집 아랫목에 누워서
밥은 굶고 있어도
가족끼리 옹기종기면 그것으로 좋았네
아이들은 술지게미에 당원을 타면
취기 도는 세상이 마냥 좋았고
어른들은 탁배기 한 잔에도
세상을 다 가진 듯 비틀댔었지
지금도 밥 짓는 연기는 피어오르지 않고
일찍 세상을 버린
아버지들이 걷던 주막 길에
휘영청 달이 떴구나
에헤 디야 에헤 디야 그리운 그 시절
달만 떴구나

김치찌개 블루스

사는 게 지겨울 때
열심히 일해도 돈은 안 모이고
사랑도 식어갈 때
내 사랑 허연 머리채를 붙잡고서
지난 슬픔을 자른다네
넣을 것은 없어도 본 것은 많아서
한 냄비 끓인다네 김치찌개
소주 한 잔 없어도 행복한 김치찌개
내 사랑 김치찌개가 끓고 있네
이불 속에서 우리의 사랑이 끓고 있네

내가 좋아하는 사람은

삶과 죽음의 갈림길에서 저녁밥을 짓는 사람
찬찬히 한 그릇을 다 비우고
설거지도 말끔히 끝내는 사람
유서도 쓰지 않고 목숨을 끊게 된 이유를
설명하지 않을 사람
지나가는 비처럼
여운도 흔적도 미미하게 남기고 갈 사람
비 오는 밤도 아니고 달빛 찬란한 밤도 아니며
그냥 그렇고 그런 밤 전화 한 통 없이
누구였지
생각해 봐도 기억이 아련할 사람
나라면 말리러 가겠네
나 같은 사람도 살아가는데 악착같이 살아가는데
좀 더 이 땅에 있어 주시오
격렬하게 살아왔던 삶의 현장에서 잠시 벗어나
갈 데 가더라도 오늘 술 한 잔 어떻소

동지의 강

천 리를 흘러서 온 강
이젠 얼마 남지 않았다
멀리 두물머리가 보이고
배다른 두 강은 부둥켜안고서
이제 곧 목놓아 울 것이다
아버진 손을 잡고 바다까지 가라고 하고
동지는 코 앞인데 아직도 갈 길은 멀구나
밤이 길어져 밤에도 쉬지 못하고
별빛을 좌표 삼아서 가야만 한다
천 리를 왔는데 이백 리를 더 못 가랴
우리가 꽁꽁 얼어붙어서 움직일 수 없다고 해도
동지엔 여기를 지나서 바다로 가겠지
가슴속의 응어리도 풀지 못한 채
바다로 가겠지

겨울 하늘을 보네

오랜만에 하늘을 보았네
맑은 모습을 한 겨울 하늘이 있었네
서로 믿기에 안 보고 살아도 눈에 삼삼하던
하늘이 생각보다 너무 맑았네
작은 것 하나 감출 수 없는 하늘엔
가슴 저미는 사연 외엔 적막만 흘렀네
내가 세상을 떠날 때도
하늘이 저런 모습이면 얼마나 좋을까
이 세상 미련 없이 떠날 수 있을 것 같은
하늘을 보았네
정 떼기 좋아 보이는 하늘이 손짓하고 있었네
어서 오라고 손짓하고 있었네

할머니가 애지중지하던 감나무에 올해는
사무치는 그리움만큼이나 감이 열렸습니다

이때쯤이면 곶감을 달아매며

손자 줄 생각에 가슴 설레하던

할머니의 미소가 그리운 날이기도 하고

무서리가 내리는 날이기도 합니다

이젠 저리 감이 많이 열렸어도

따려는 사람도 없고

할머니가 그랬던 것처럼

하늘의 허기진 새들을 환한 모습으로

기다리는 감나무만 있습니다

할머니

곶감을 좋아하던 손자는 초로의 당뇨 환자가 되어

감나무는 쳐다만 볼뿐

그리움만 먹습니다

간혹 찾아오는 까치도 반가운 날

오늘은 할머니 산소라도 들러야겠습니다

하늘은 저리도 푸른데 그리운 사람만 늘어갑니다

가을 바다는

억새 사이로 보여야 한다
그곳에서 웃고 있는 사람
당신이어서 좋다
먼
내가
꿈꾸는 세상에
당신을 초대하고 싶다

늑대 중에 나 같은 늑대로 인하여 종의 멸종이 온다면
나를 똥강아지로 불러도 좋다

나는 사랑에 빠진 늑대다

늑대는 생계형 저축을 하지 않는다
저축은 무리와 사냥감 간의
긴장의 끈을 풀어주기 때문에
그날 식사는 그날 잡아서 해결한다
늑대는 부인을 두 명 이상 취하지 않는다
여자에 관한 한 사슴과 늑대는 극과 극이다
그 틈새를 기웃거리는 인간도 있다
늑대는 대화에 은유법을 사용하지 않는다
죽여라 먹자 자자 그 외에는 표정으로 말한다
적과 무리만 구분할 뿐 사냥감에는
자비를 베풀지 않는다
늑대가 피하는 것은 호랑이 단 하나다
사냥은 항상 삶과 죽음의 경계선에서 이루어지므로
잔인한 늑대도 암컷에겐 항상 각별하다
오늘 내가 하늘에 대고 울부짖는 것은
다른 무리의 이쁜 암컷을 본 때문이다
그녀는 내 것이다
내 무리를 포기하더라도 너를 놓지 않겠다

더 늦기 전에

도시에서 도시인으로 격렬하게 살아보자

시월의 산에서 송이를 찾는 것처럼

송이를 찾았다고 해서 다 상품이 아닌 것처럼
도시 생활에서 얻은 것이라곤
옷가지 몇 벌과 갚아야 할 신세 몇 가지
그리고 내 사랑이 놓고 간 빚 몇 푼이 다다
그렇다고 지금 이 나이에 자연인이 된들
무엇이 달라질까
약초를 캔답시고 자연을 훼손하고
셰프처럼 갖가지 음식 재롱 떠는 자연인도 좋겠지만
나는 아직도 사랑을 찾고 있는 사람이라서
산보다는 도시가 편하다
도시에서 산다고 무엇이 더 나빠질까
지금까지도 힘들게 살아왔는데 무엇이 더 두려울까
노숙자가 될 수도 있겠지만
기회의 땅 도시에서 처음부터 다시 시작하는 삶
나는 이 길을 선택하겠다
가을 날씨가 아무리 차고 스산하더라도 겨울만 할까
시월의 산에서 송이를 찾는 것처럼
시월의 도시에서 도시인으로 다시 살아보자

사는 날까지 철새처럼 살지 않겠습니다
내일은 처갓집으로 또 떠나는 날이다

어머니와 마누라의 고향을
옮겨다니는 새, 내 이름은 철새

나는 어머니의 고향과 마누라가 기다리는

처갓집으로 옮겨 다니는 철새다

어머니와 마누라는 지금도 말하고 있다

계절이 변할 때마다 자식 놈과 신랑을

최적화된 환경에서 살라고

효심과 애정 공세로 불렀단다

인간은 자신에게 유리한 잣대로

편리하게 사랑을 구분하고 잊어버리기도 하는

필연의 관계를 나는 잊어본 적이 없다

철새가 아니라 사랑을 찾아다니는 삶에 대하여

이 나이 되도록 한 번도 부끄러워하거나

두 사람 사이를 이간질해본 적도 없다

다만 내가 있는 곳에서 최선을 다하고

떨어져 있는 사람을 위해

사랑의 기도를 멈춘 적이 없다

여보 사랑해요

어머니 사랑합니다

부모에게 물려받은 유전인자로

세상을 어지르지 마라

이 세상은 너 혼자만의 것이 아니다

별이 뜨면 뜨는 대로
별이 지면 지는 대로 그대로 두어라

별은 보되 밤하늘에 무엇을 그리려고 하지 마라
가슴 가득 엉켜있는 본심을 풀어내더라도
그냥 네 눈에 담아놓고 있는 듯 없는 듯 살아라
내가 세상에서 제일 싫어하는 게 불꽃놀이다
별을 한 번이라도 제대로 봤더라면 맑은 날 불쑥
하늘에 대고 불꽃놀이는 하지 않으리라
하는 일 잘 안 되고 사랑조차 떠났다 하더라도
오늘 저 테러를 저지르기 전에
지구의 인간보다 더 많은 별똥별이 매일 밤 떨어지고
지구인 모두가 매일 밤 소원을 하나씩 빌더라도
넉넉하다는 것을 알기라도 했었으면
종교와 이념과 민족이란 잣대로
테러와 전쟁을 일으키진 않았을 것을 안다
모두가 다 하느님 잘못이다
그러나 그것은 우리가 만든 하느님이 한 짓이지
진짜 하느님은 아니라는 것을 우리는 안다
세상에 왔다가 잠시 스쳐가더라도 보기만 하지

그 사랑이 세상을 만듭니다
반려동물 입양법 제정이 필요한 것처럼
준비되기 전에 사랑은 가능하겠지만
결혼으로 발전해선 안 되는 것입니다
이게 힘들면 그냥 사랑만 하세요
그러면 되는 것을 그게 사랑인 것을
일찍 일어나셨으면 새벽하늘 은하수를 보세요
그 안에 답이 있네요

은하수를 밤새도록 본 적이 있나요
그러면 제 얘기를 이해하실 거예요

사랑법과 결혼법 별게 있나요

사랑은 미칠수록 아름답지만

결혼은 미쳐서 하면 안 됩니다

밭과 씨앗으로 비유하면

결혼은 대게 2세를 전제 조건으로 하므로

밭은 농약에 심하게 오염됐거나

폐기물에 방치된 경우를 제외하면 문제가 없습니다

거름이 부족하면 거름을 하면 되고

천수답이면 양수시설을 갖추면 됩니다

하지만 씨앗은 다릅니다

씨앗은 불량품은 무조건 못 씁니다

유전적인 요인으로 50% 확률이 있어도 안 됩니다

그렇게 살아가면서 십 년, 이십 년, 사십 년

세월이 가다 보면 서로에 대한 정도 쌓이고

또 다른 체2의 사랑이 움트게 됩니다

이 사랑이 아가페 사랑입니다

담배보다 술보다 쇼핑보다 진한 사랑

내가 사랑하는 당신
오늘도 꿈같은 하루가 열리시길

세상이 아무리 아름답게 열리더라도

당신이 원하는 세상으로 바뀌어지길

그래요

당신이 원하는 세상

가을이 숲속에서 그림자로 변하고 있네

내 그림자가 그늘 속에 숨어서

가을을 안타깝게 쳐다보고 있네

종일을 가을볕에 고추처럼 말려지는 하루가

나를 애타게 부르고 있네

사랑하는 당신

이래도 되는 건가요

이젠 별을 보고도 나무라지 않는 사람이라

항상 문 앞에 서서

본인이 느린 것을 모르고 있는 사람이라

내가 먼저 숨이 넘어가기를

기다리고 있는 사람이라

당신의 모습을 제대로 본 적이 없었구려

그래 암이 먼저냐 나이가 먼저냐로

따질 필요가 있으랴

오늘따라 당신이 누워 있는 모습이 이쁘네

가을 그림자에 숨은 그 모습이 이쁘네

말 대신 미소로 대화하는 사회

말기 암 환자들은
대화 대신 미소로 얘기합니다
살아 있다는 생명의 힘을
이곳에서 느낍니다
이곳에 아내도 있습니다
삶과 죽음의 경계선엔
항상 사랑이 충만해 있습니다
교만도 가식도 없는 곳
부도 명예도 없는 곳
그냥 마주하면 좋은 곳
이곳에도 하루가 갑니다
천년 같은 하루가 갑니다

가을비가 내리네

비가 내리네

언제부턴가 내 가슴엔 가을이 들어와서

단풍물을 들이려 뜸을 뜨고 있었어

비가 스미면 스밀수록

살아오면서 부끄러웠던 지난날들이

용해되어 흐르네

비가 그칠 즈음이면

우리 모두 반투명한 몸이 되어

파란 하늘에서 쏟아지는 가을볕을

받을 수 있게 될까

못 받으면 어떠랴

하루쯤 햇볕 못 받는다고

세상이 무너지진 않을 테고

고추잠자리가 해바라기 따라 도는 푹 익은 가을날

우린 서로를 격려하며 붉게 물들어가겠지

이래서 가을비가 필요하다네

그래야 또 겨울도 핑계 안 대고

소리 없이 오게 될 테고

집에 가는 길

이 나이가 되어서
집에 가는 길을 기억한다는 것은
그나마 잘 살아왔기 때문이라네
어둠이 깔리고 노안으로 길 찾기가 어려울 때
손전등을 구해야 하나 휴대폰을 걸어야 하나
고민하지 마시게
부끄러워하지 말고 내 판단과 생활 습관에 맞춰서
슬기롭게 풀어가면 될 일일세
우리 나이는 그런 것들을 걱정할 나이가 아니라
남은 인생을 더 잘 살 수 있다면 모를까
그렇지 않다면 자신이 살아오면서
가장 잘하던 것을 계속 열심히 하면 된다네
집에 가는 길을 아는 것은 그리 중요하지 않다네
집에 가야만 하는 절박한 무언가가 있다면
인생을 참 잘 산 게지
기다릴 사람조차 없는 사람이야
집에까지 갈 일 있겠나
등 닿는 데가 집인 게지

4부

영화관에서

그녀는 영화를 보고 나는 그녀를 보았어
팝콘을 사이에 두고서 가슴만 두근거리는
나는 바보야
영화가 끝나가도록 손 한 번 잡지 못했어
영화관 앞에는 찬바람이 불고
우린 싸운 사람처럼 떨어져서 걸었어
싸락눈이 내리고 슬그머니 내 손을 잡아준
그녀는 선녀처럼 예뻤지
사랑한다고 말할까
목숨보다 더 사랑한다고 말할까
우린 말없이 걷기만 했어
그녀의 머리 위에 싸락눈만 내렸어

진달래를 만나면 데려오라고
그 애가 첫사랑일 줄 몰라
지금은 사십이 된 소녀가
아직도 늙지 않고 기다리고 있을까

사십이 넘은 꽃 진달래야

화원에서 만난 날
눈을 뜨고 있었던 꽃은 너뿐이었어
그리고 얘기했었지
"너무 예쁘구나. 네 이름은 뭐니"
"나는 진달래래
이 세상에서 제일 소중한 내 딸
엄마는 항상 말씀하셨어
나는 비 맞는 게 싫어
다른 애들은 비를 좋아하는데
나는 비 맞는 게 싫어"
지금은 사십이 넘은 꽃
참꽃이 된 진달래가
모습도 소녀고 마음도 소녀인 채
봄길을 걸어가네
언덕에 오르면 고향이 보일까나
구비구비 돌고돌면 엄마를 만날까나
진달래 진달래가 걸어가네
엄마는 말씀하셨어

이젠 당신을 떠나려 하네

당신 없이 하루를 보내는 게
왜 이리 힘들까
이제 나도 불혹의 나이인데
아직도 당신을 기다려야만 하는가
사랑도 아닌데 인연이란 끈 때문에
지금까지 살아왔다네
당신과 내가 사랑의 상처를 받는다 해도
우린 이젠 헤어져야 할 때
사랑도 아닌데 기다릴 순 없어
내일도 당신만 기다릴 순 없어
일월의 하늘에 눈이 내리네
오늘따라 저 눈을 맞는 게
왜 이리 힘들까
나는 중년의 나이에도 눈을 그리는 사람
하지만 이젠 떠나려 하네

그 벤치 위에
당신이 좋아하던 눈은 내리고

안 온다고 하면서 삼십 년 만에 찾은
당신의 자리에 눈이 먼저 찾아와 있구려
그때 당신을 바래다준 날도 눈이 내리고 있었소
너무 외진 곳이라 같이 온 것이지
좋아하는 사이도 아니었잖소
떨어져 있으면서 서로 좋아하게 되었고
그렇게 간절하게 갈구하다가 끝난 사랑
떠나려다가 눈을 치우고 앉은 자리에
거짓말처럼 아직도 온기가 남아 있었소
하늘엔 당신이 좋아하던 눈이 내리고
세상은 이렇게 평화로운데
당신의 생사도 모르고 있었구려
왜 좋아했는지도 모르고
왜 헤어졌는지도 기억에 없는 사람
하지만 가슴 한편
그리움으로 밀려오는 당신
그냥 왔다가 가오

시간은 삶의 궤적이 아니라
시간이 이동하면서 남긴 사랑의 잔영이다

시간이 우리에게 준 것은 영원일까

이 세상에 오고 가는 것이

꿈이라고 가정하면

꿈이 연출하는 배경과 메커니즘은

꿈을 꾸는 시간의 공간 속에

갇혀 있는 삶이 될 것이다

과거 현재 미래는 아직도

시간의 공간 속에 얽혀있는 꿈이며

꿈의 시간은 영원이 시작되는 순간 멈췄다

시간의 방정식에 표시될

내 사랑은 누구일까

나를 눈멀게 하고 영원으로 인도한

내 사랑은 어떤 모습일까

시간조차도 멈춰 서게 한 그 꿈의 종말은

누구 때문일까

정지한 시간 속에서 내 사랑이 진다

학습 효과로 유전 인식된 내 사랑이 진다

십일월의 달을 보면

저 달을 보고 있을 당신이 생각나고
신파 같은 대화로 밤을 지샜던
젊은 날이 생각나고
지금은 나이 들어
눈동자에서만 비칠 달을 그리워하는
한 분의 모습이 생각납니다
이 세상이 다 그렇지요
사랑이 모두 다르겠어요
하지만 오늘 밤 저 달은 가슴을 짠하게 하네요
가을을 보내는 달을 조용히 조문하는 사람들
달의 눈에서, 그간의 인연을 놓는 달의 눈에서
눈물이라도 흐를까 봐 안타까워하는 사람들
그러지 마세요
그냥 습관처럼 몸에 밴 인사법일 뿐이니까
다만 항상 헤어짐을 아쉬워하고 또 다른 만남을
기다리는 인사법이니까
어릴 적 기차에 대고 손을 흔들듯이 그렇게
손만 흔드세요

가을이 떠나가네

파란 하늘만 그대로 있고
남겨진 것들은
다 제 갈 길로 떠나려 하네
세상은 점점 더 아름다워지는데
하나씩 둘씩 자리를 비우고 있네
그래 떠나야 또다시 만나지
이별을 슬퍼해선 안 되네
사랑할수록 슬퍼해선 안 되네

민들레야 민들레야

일 년 내내 눈물 마를 날 없는 민들레도
집에 들어가기 싫은 날이 있구나
바람도 불지 않는 밤에 이별은 시작되고
보름달이 떠오르면 구슬픈 노랫가락으로
이별의 축제를 시작하는구나
어렵게 살아왔으면서도
하늘에 대고 삿대질 한번 한 적 없는 삶
민들레가 목요일 밤 민들레가 춤을 춘다
"그래 잘 살아왔으니 여한은 없도다
오늘 이별은 새로운 만남을 의미하는
축제의 자리라 달밤에 춤을 추나니"
- 꽃말은, 행복과 감사

양성화지만 토종은 타화수분으로만
씨앗을 맺는다
서양종은 환경이 여의치 않을 경우
자화수분을 하기도 한다

가을은
그냥 오고 가는 것이 아니다

가을은 초목이고 사람이고 누구나 태어나면 반드시

그 생을 마감하게 되어 있다는 것을 알려주어

아름다운 이별을 할 준비가 되어 있느냐고

물어보는 것이다

겨울에 초목은 비록 겨울잠을 자고

다시 회생하게 되나 결국 죽는다는 것은 같으며

사람은 육신을 잃게 되지만

그때부터 윤회의 억겁에 들어가므로

다음 생을 위하여 보다 선한 삶을 살라고

자연의 섭리가 완곡하게 부탁하고 있는 것이다

그래서 가을은 아름답다

하지만 가을을 맞이하기 위해선

봄 여름을 성실하게 살고 다음에 올 주연들을 위하여

환경 훼손을 해서는 안 된다

카오스의 가을이 익어가고 있다

초목들은 단풍이 들기 시작했으며 친구들은

머리가 허옇게 세어가고 있다

피오르(fjord)

사랑했다가

사랑만 배신을 당한 게 아니라

인간성까지 배신을 당하게 되었다면

산다는 게 어려워라

이 세상에 태어나서

단 하루를 살아도 이렇게는 못 살겠네

가슴에 응어리진 한을

후벼 파는 일이 있더라도

내 설움을 가뒀다가

나 죽는 날 다 용서한다 하더라도

날선 심장이

깊고 깊은 골짜기를 만들어서

내 눈물이 흐르게 하리라

사랑했던 아픈 기억에

꼭 피눈물이 흐르게 하리라

코스모스 길 끝나는 곳에선
지금도 나를 기다릴 당신이 있네

코스모스 길을 따라 걸으면

혹시 옛사랑이라도 만날 것 같은

기대감에 가슴이 설레곤 한다

쪽빛 하늘에 클로즈업되는 그녀는

항상 신비하고 아름답고 순수하다

지금 이 나이가 되어서

속내를 이미 알고 있으면서도

이 사실을 무덤까지 지니고 갈 것이다

코스모스 길을 따라 걸으면

아직도 길이 끝나는 곳에서

당신이 기다리고 있을 것이라는 착각에 빠져서

걷는 내내 곁눈질을 하게 된다

옛사랑은 기억조차 까마득하게 잊고 있는데도

혼자서 추억을 짝사랑하는 슬픈 가을날이여

시월의 산을 보다

시월의 산은 조용하다
바람이 불면 부는 대로 비가 오면 오는 대로
불평불만 없이 조용히 받아들인다
산은 조용한데 산을 방문한 사람들이 시끄럽다
산에 들어갔으면 산의 얘기를 들어야지
자신의 얘기를 산에게 가르치려고 한다
듣다 듣다가 지친 산이 하늘에게 애원한다
그리고 하늘의 뜻을 받아들여서 겨울을 가슴에 품는다
발갛게 상기해 보여도
산의 내면에는 이미 겨울로 가득하다
올해도 잘 살았고 이제 그동안 가슴에 담아왔던 추억을
사람들에게 다시 돌려주려고 하지만 받을 사람들이 없다
산은 한 번도 자신의 얘기를 한 적이 없다
사람들에게 들은 얘기를 사람들이 불편하지 않게
자신의 방식으로 돌려준 것뿐이다
산이 웃는다 시월의 산이 웃고 있다

베풀고 봉사하는 삶을 준비해야 한다
코스모스가 가을에 꽃을 피우는 것처럼
참다운 인생의 꽃을 피우면
처절한 외로움의 축복을 피할 것이다

코스모스에게 배우자

코스모스가 가을을 더 가을답게 만든다면
당신은 그 가을하늘 아래
가장 아름다운 투명수채화 같은 사람
사람은 나이와 욕심이 비례하기 마련인데
욕심을 하늘에 뿌려버리고
그 자리에서 하늘빛과 가장 잘 어울리는
코스모스가 된 사람
내가 살아오면서 만난 인연 중에
정말 사랑하는 고운 사람
"여전히 건강하시죠"
나이와 욕심과 치매의 상관관계는
무엇일까
나이가 들어가는 사람에게 주는
하느님의 지혜가 치매다
나이가 들어서도
욕심을 버리지 못하는 사람들에게
하느님이 내리는 축복이 치매다
사람은 나이가 들수록 더 늦기 전에

민들레는 가슴으로 낳은 핏줄을
다 날려 보낸 후 눈을 감았네

시월 첫날에 만삭인 민들레를 만났네

만날 때마다 묻고 싶은 것이 있었는데

출산과 관계가 있는 것이라서 묻지 않았다네

사람은 일 년 내내 아이를 출산할 수 있다지만

민들레 너마저도 계절을 가리지 않고

일 년에 여섯 번 출산한다는 것을 오늘에서야 알았네

새벽 적막 속의 미세한 진동만으로도

핏줄을 세상에 내놓을 줄 아는 너의 경이로움은

모성애로만 설명하기가 너무 어렵구나

가슴속의 절절한 사랑을 다 풀어내고서야

매무새를 고치는 너의 모습 뒤에 출산의 아픔이

묻어 있음을 처음으로 알았다네

산고(産苦)로 눈을 감고 있는 네 모습이

아름답다 못해 장엄한 새벽

오늘은

너를 본 것만으로도 고맙고 행복한 날이구나

당신이 오든지 함박눈이
오든지 해야겠습니다

몇십 년 전 엽서를 받았습니다

한여름 함박눈을 기다리는 간절함은 지금도

내 가슴속에서 풀리지 않는 화두로 남아 있었습니다

그날 이후 신내림처럼 몸살을 앓았고

눈 내리는 날이면 새하얀 선혈을

쏟아내기도 했었습니다

오늘 모처럼 캘린더를 펼쳐놓고

첫눈이 내릴 예정일을 기상청 예보일로 표시해 봅니다

아직 두 달 남짓 남았지만 까맣게 잊고 있었던

그 옛날 한 소녀가 생각났습니다

그땐 이렇게 쉬운 말도 왜 몰랐던지

너무 어렵게만 생각하다 보니 가슴에 담고 있다가

서로의 마음을 다치게 한 것은 아닌지

구월이 갑니다

가을도 내 마음속에선 저만치 가고 있습니다

이젠 젊을 적 당신은 없고 늙어가는 사람만 있는

처연한 오후

구월을 보내며

또 구월을 보낸다
해마다 보내는 구월이지만 올해는 더 빨리
찾아온 것 같다
시간의 흐름은 체온이 낮을수록
감지 속도가 빨라져서 나이가 들어가면
그 느낌의 속도가 유수와 같다고 한다
나는 그 미봉책으로 새벽 서너 시면 기상을 한다
그러면 오전까지 시간이 아주 마디게 간다
이번엔 구월이 가기 전에
막걸리라도 한 잔 따끈하게 데워서 먹어볼까
그리고 나서 노인네들처럼 친밀한 사람 서넛과
수다나 주야장천 떨어볼까
구월이 간다
구월의 하늘에 구름이 하나씩 사라지며
지난 흔적을 지우고 있다

내가 새를 보는 것이 아니라
새들이 나를 보고 있다네

새벽에 일어나면 커튼을 걷고 창문을 연 다음

벌써 수년째 새들의 노래를 듣고 있었어

처음엔 한 마리 다음엔 두 마리 모여서

나중엔 여러 마리로 늘었어

내가 자신들 얘기를 들어주는 인간이 된 거지

술 먹고 조금 늦게 일어나면

이젠 새들이 나를 깨우는 거야

그것이 지속되다 보니 어느 순간에 나는

자연을 사랑하는 자연보호주의자로 변해 있었어

나는 동물을 학대하지는 않지만 사랑하지도 않아

그런데 오늘 아침 이놈들이 또 몰려온 거야

일어나 이놈아 이중인격자 이놈아

지나가던 개가 웃겠다 이놈아

새는 창가에서 욕을 하고

나는 새소리를 듣는 평화로운 날

하늘은 어찌 저리도 푸른지

꿈결처럼 지난날이 잠시 내게 찾아왔다가 갔을 뿐
그렇게 나를 흔드는 밤은 새벽까지 계속되었지만
지금의 나는
허망하게 잠을 깬 맑은 꿈 상태다

밤에 당신의 침실로 흐르는 강
그리고 잠든 영혼을 흔드는 강

어젯밤 꿈속에서 지난날 내가 좋아했던
짝사랑들을 밤새도록 만났다
참사랑은 없이 짝사랑으로만 점철된
내 젊을 적 사랑은 욕구불안의 정신병일 것이다
세월이 흘렀는데도 시간은 멈춰 있었고
그들은 여전히 이쁜 모습으로
내 유년의 강을 건너왔다
짝사랑은 당사자의 입장에선 아름다울지 몰라도
다른 사람의 눈으로는 그냥 이루어지지 않은
슬픈 사랑의 진행형이다
나는 그들이 등장할 때마다 웃고 또 울었다
왜 이런 현상이 보인 것일까
짝사랑도 이젠 정리할 나이라서
아니면 크리스마스 캐럴의 스크루지처럼
내게 절박하게 전할 메시지가 있어서
자다가 깨길 열서너 번 그런데도 정확히
기억나는 것은 하나도 없다

네 마음을 알 것 같구나

내 별이 없는 것처럼 너도

친구가 없었구나

코스모스 한 송이가
손짓하는 새벽

별을 보러 나갔다가 별은 보지 못하고
코스모스를 만났네
수탉은 작은 동네를 깨우고도 모자라
울고 또 울고 목이 잠겨가고 있었네
예전 같으면 술을 사러 나갈 시간에
별을 보러 나가면서 다짐했다네
나는 별을 보기만 할 거니까
저 별들의 소유권은 당신이 가지소
이제부턴 아름다운 별의 잔상에 대한
지적소유권도 당신에게 있소
아시오
나는 별에 대하여 추억을 가질만한 이유가 없으니
오늘은 제발 하늘에 별을 띄워 주시오
이렇게 다 내려놓고 사는 데도
내 사랑 내 별은 오늘도 외면하고 마는구려
별을 보러 나왔다가 코스모스를 만났네
어여뻐라 코스모스여 눈빛만 마주쳤는데도

네 이름은 불사화

콘크리트를 뚫고
이 세상에 나왔네
사랑스러운 꽃을 피운
네 이름은 불사화

3부

죽음도 공부해야 맞을 수 있는 세상이

온 것입니다

비벼서 만드는 인연의 세상

서로 다른 환경의 사람들이 모여서 만드는 세상
정월 초하루부터 비빔밥을 비벼봅니다
비빔밥의 묘미는 어울릴 것 같지 않은 재료가
놋그릇 안에서 간장 혹은 고추장을 만나면서
본래 자신의 모습을 버리고 조금씩 양보하여
창조하는 맛의 신세계입니다
이 공간에선 자신만의 개성을 고집하기 전에
상대방을 인정할 줄 아는 따뜻함과 양보가 필요합니다
지금은 다문화가 생활 곳곳에서 충돌하고 있지만
우리는 지금 AI를 어디까지 용인해야 하는지
심각한 고민도 해야 할 시대의 전환점에 서 있습니다
전 어려서부터 비빔밥에 익숙해 있어서
다문화에는 별 어려움 없이 잘 적응하고 있습니다만
이제는 오래 사는 것이 인생의 목표가 아니라
변하는 세상을 이해하며 따라가는
어려운 세상이 오고 있습니다
공부하지 않으면 육신만 눈 뜨고 있는
죽음조차 컨트롤 못 하는 세상에 살고 있습니다

명품은 한정품이라고 하더라도
기성품이라는 태생의 한계가 분명히 있다
옷이며 장신구는
명품을 들고 입어야 하는 것이 아니라
디자인을 입고 걸쳐야 하는 거
그리고 명품 몸을 따라오게 하는 거

명품은 옷과 장신구가 아니고 당신이 부모님에게서 물려받은 육신이다

세상 모든 이들의 대부분은 사랑으로 잉태하고
축복 속에 탄생하게 된다
아기를 처음으로 바라보며 느꼈을 환희의 기쁨을
우리는 기억해야 한다
발끝부터 머리끝까지
우리를 낳아 준 분들의 사랑이 녹아든 몸
어디 하나 바꿀 게 있을까
사랑은 몸으로 하는 게 아니다
사랑은 영혼으로 하는 거
그래서 시작하면 식을 때까지
눈에 보이는 게 없는 용광로 같은 거
그런 내 몸을 유행한다고 그게 트렌드라고
성형을 하면 안 된다
부모님 사랑의 잔상을 간직하면서
내가 가꾸고 내 철학과 목소리가 깊게 베인
나를 만들어 가면
참다운 내가 탄생하게 된다

조금씩 늙어가는 퇴역이 얼마 남지 않은 배

생명이 다하는 날까지

손님을 기다리는 배로 살 테요

기다리는 배

나는 손님을 기다리는 배

외로움에 지쳐

살아갈 방향조차 설정하지 못한 사람들을

목적지까지 안전하게 모시고 갈 배

나는 강 위로만 다닐 뿐 바다로는 나가지 못하네

세상 사람들이 모여 사는 강변에 댈 아주 작은 배라

바다에 갈 손님은 태우지 못하네

오늘따라 하늘은 더 파랗고

단풍은 마지막 남은 숨을 헐떡이는데

강물은 죽음처럼 잔잔하구나

내 고객은 돈이 없어도

자신을 아끼는 진실한 사람이면 되지

자신을 실어다 줄

나를 짓밟지 않을 그런 사람

도착해서 인사는 못 해도

가끔 뒤돌아보는 사람이면 좋겠네

나는 동력이 없는 배로 항해할 때마다

혼신의 힘을 쏟다 보니

하늘이 내려오다

새벽부터 하늘이 땅으로 내려오고 있었다
별도 하늘 사이사이에서 반짝이며 따라오고
초승달이 마지막으로 내 눈높이에서 멈췄다
나는 지금까지 하늘의 경계를 몰랐다
대기권 안이냐 대기권 밖이냐 하는 정도 외엔
아는 게 없었다
그런데 오늘 하늘이 내려오고서야
땅과 접하는 부분까지가 하늘이라는 것을 처음 알았다
땅과 하늘이 만나는 곳은 항상 에너지가 충돌하는 곳
걸어야지만 그 에너지를 얻을 수 있다는 것을
왜 몰랐을까
하늘이 내려온 것이 아니라
하늘은 원래
그 자리에 있었음에도 왜 몰랐을까

구름 속에서
혹은 구름 밖에서

십이월이 낙엽처럼 매달려 있습니다
오 헨리의 '마지막 잎새'가 십이월을 붙잡고 서서
눈물을 짜내고 있습니다
사랑은 안개 같은 인생의 장터에서 서로
마주하고 있지만 보지는 못하는 이복 관계입니다
인연을 사이에 두고 우연처럼 찾아온 눈구름이
세력을 확장하면서 이별을 재촉하고 있습니다
이대로 헤어진다면 언제 다시 만날 건가
첫눈에 마음 준 사랑을 보내서는 안 됩니다
올해가 가기 전에 가슴에 품어주고
좋아요라는 말 기다리지 마세요
축복처럼 쏟아질 눈을 맞으면서
마지막 청혼을 해보세요
인생은 구름 속에서나 혹은 구름 밖에서나
용기를 내는 만큼 꿈에 가까워집니다

내 마음의 홍조

오늘 아침 해가 뜰 때 물들고 있던
당신의 홍조를 녹여낼 수 있다면
아름다운 당신의 마음에 스며든
자연 그대로의 수줍음을 녹여낼 수 있다면
세파에 찌든 내 몸에 얇게 펴 바르고
저녁 거리를
미친년처럼 싸돌아다녀 보겠네
쏟아지는 별빛과 달빛이
당신에게 운명처럼 남긴 문신을
내 가슴에 옮겨 담을 수 있다면
문신이 빛을 내며 등 가득
안드로메다 성운을 그리며 굳어간다 하더라도
나는 당신을 탓하지 않겠네
오늘 당신의 입맞춤이 그리운 날
그 예쁜 입술로 나를 숨이 멈추도록 끌어안는다 해도
이것이 당신과 나 마지막 만남이 된다고 해도
그냥 좋겠네

그날 등불이 켜졌다

그날

형광등 LED 백열등도 아닌

등불이 켜졌다

오랜만이구나

등불과 마주하고 나는 먼발치

재 너머 고향을 생각한다

참 격렬하게 살아왔구나

그 흔한 민주화운동

한번 해보지도 못하고

연애다운 연애 해보지도 못하고

궁상맞게 살면서도

격렬하게 살아왔구나

"자네가 내 몸에 처음 불을 붙일 때로

돌아갈 순 없어도 그래 그만하면 됐다

이젠 우리도 세상 밝힘용으로 사용되는 것이 아니라

지금 자네를 만나는 것 같은

용도 외엔 쓰일 곳이 없구나

하지만 힘내자"

헤어지는 날 바다는 얘기하는 거야

만나러 올 적에 바다 얘기를 왜곡하지 말 것과

자기를 아는 척하지 말 것 등이야

겨울바다는 그때까지도 울고 있었던 거야

겨울바다

그래
바다는 잔잔할 필요가 없어
바다가 되고 나서 지금까지 흔들렸을 삶
파도 때문만이 아니지
수많은 별을 가슴으로 녹여내어 짠맛에 가둔
바다의 과거는 지금도 경이로움 자체야
하지만 저 광란의 바다로 변해가는 모습은
빨리 예보하고 안전거리로 피하는 게 좋아
바다는 겨울바다는
그 어떤 경우에도 혼자서는 흥분하지 않지만,
후쿠시마 바다를 오염시켰을 때와
고래 떼를 사냥하는 인간들의
광란의 폭주를 목격하고 슬피 우는 것을 보았어
몇 날 며칠 밤을 꺼이꺼이 우는 모습을 보았어
지금까지 흥분했다가 모든 것을 내려놓기를
벌써 수억 년
뻔한 얘기도 하소연하는 법이 없는 바다에
나는 참지 않는 법을 알려주었어

모르는 게 거의 없는 데도 하위 1%란다
하지만 이거 하나만은 기억했으면 좋겠구나
사랑만으로 정한다면 상위 1%, 알겠지

장미야,
지금은 내 사랑이여

예전에는 얼굴만 이쁘면 되던 시절이 있었다
지금은 두루 이뻐야지
균형미인이 아니면 쳐다도 보지 않는 세상에서
너를 만났구나
얼굴도 이뻐야지 몸매도 좋아야지 학력도 좋아야지
돈도 많아야지 지혜로워야지 성격 좋아야지
지금의 너는 세상의 잣대로 삼십 점
내 잣대로는 오십 점
내가 너를 선택한 것이 아니지 않으냐
갈 곳이 정말 없어 보여서 데리고 있다가
이 정도면 됐다 싶어서 육십 점을 주었지
얼굴이야 네가 대한민국에서 최고지
하지만 말이다
반려동물이라도 키우려면 좀 더 공부를 하고
전문지식이라도 쌓아야 될 것 같구나
너는 내가 정확히 어느 위치인지 잘 모를 것이다
구구단도 외우고

이 아름다운 세상을 함께 할 자격이 없다"
그래도 멋진 놈이에요

등불은 빛으로 말한다

우린 멋을 부릴 줄 몰라요
옷도 단벌 하나로 생을 마치니까요
불이 붙은 눈으로 세상을 보면서 세상이
밝아오면 내가 할 일을 했구나 하고
생각했답니다
벌써 오십 년이 다 되어 가네요
그래서 이젠 잊혀진 이름 등불이에요
가끔은 이 미친 놈이 꺼내어 놓고
술 처먹을 때에 쓰지 않으면 그나마
세상 구경도 못 한다니까요
얼마 전까지 사람들에게 광명을 주고
사랑받던 내 이름이 잊혀가고 있지만
주인 놈이 얘기하네요
"세상은 네가 어떤 역할을 한다고 믿고
있으면 안 된다
네가 어떻게 사용된다 하더라도 너는
정보요원처럼 음지에서 일하고 양지를
지향해야 하니 그걸 잊어버리면

가을은 그렇게 소멸되고 있었다

당신을 위해 이른 새벽에 커피를 끓인다
내 앞 빈자리엔
커피 향이 밴 지난 사랑이
무표정하게 앉아 있다
떠나려는 자와 말리는 자의 이중 실루엣이
새벽 정적을 깨는 데도 우린 모른척한다
커튼 틈새로
가을볕이 안간힘을 쓰며 들어오려고 한다
이별은 늘 그렇다
얻는 것은 없고 잃는 것만 있다
가을은 그렇게 소멸되고 있었다

모아이
별을 가지고 은하수를 만들다

내가 너를 처음 보았을 때
너는 남쪽 하늘 모든 별을 후광처럼 세우고 있었다
찾아올 사람들이 주위가 산만하여 집중하지 못할까 봐
그 흔한 별똥별도 떨어지지 않도록
온몸으로 기도하며 막았다
나를 놓고서 소원을 빌면 안 돼
천년을 기다려 온 내 사랑을 막아서선 안 돼
혹등고래 몇 마리가 모아이를 따라 섬 주위를 돌고 있고
은하수가 되어가는 별들은 찬란하다 못해
슬프기까지 하다
모아이는 사랑을 믿지 않았다
모아이는 그 자리에 선 후 한 번도 움직인 적이 없었다
별이 쏟아지는 데도 별을 바라보는 것이 아니라
바다를 보면서 혹등고래의 노래를 듣는 것이 좋았다
헤어지면 다시 만날 수 없는 지난 사랑에 대해서
그 노래를 한 자리에 서서 천년을 듣고서야
오늘 비로소 울었다

새벽 양조장 가는 길
배 한 척이 떠 있네

이른 새벽인데도
배 한 척이 나를 기다리네

멀리 여명이 다가오고 있다

가을도 익어가고 새벽하늘엔

찬 이슬이 내리느라 분주하다

갈 곳은 정해졌는데

같이 갈 사람도 없는 적막한 포구에선

아무도 타지 않을 작은 배 한 척이

바람 한 점 없는데도 심하게 흔들리고 있다

떠난다는 것은 젊으나 나이가 들어서나

항상 걱정 반 기대 반이다

별은 다 지워지고 날은 환하게 밝아온다

이런 모습을 당신에게까지 보여야 하나

오늘 내가 갈 곳은 당신도 모르는 곳

알아서도 안 되는 곳

나를 위해 지으려는 작은 양조장이다

이십 대 때 계획을 세우고

이제서야 첫 삽을 뜨려고 출발하는 날이다

같이 갈 사람도 배웅하는 사람도 없는

별 하나 나 하나, 별 둘 나 둘, 별 셋 나 셋
별은 당신의 마음과 꿈을 풍성하게 해준다
집에 조용히 돌아와 술잔을 헤노라
나 한 잔 별 한 잔, 나 두 잔 별 두 잔, 나 세 잔 별 세 잔
밤이 깊어간다

별과 술
- 외로워야 별이 보인다

초저녁부터 자리를 잡고 세상에서 가장
편안한 자세로 벤치에 앉는다
서너 시간은 지루하지 않을 정도의 간식과
음료를 들고 선선할 경우를 대비하여
가벼운 바람막이 점퍼와 모포를 준비한다
희미하게 떠오르는 이름 없는 별들부터
하나둘 영접을 시작한다
이름 있는 별자리는 어두운 밤에 떠오른다
외로워야 보이는 이름 없는 별들 중에
내가 이름을 줄 별들을 정해둔다
저 별은 내 사랑 별, 저 별은 내 자식 별
손주 별은 지식들의 몫이니 손대지 않는다
높은 산에 올라가서 산 아래를 바라보듯
벤치에 웅크리고 누워서 밤하늘의 흐린 별부터
은하수를 향하며 만나는 외로운 별
문득 술 생각이 간절하면 내려올 때다
그때부터 별을 헤노라

기다림에 대하여

누구나 태어나면 천명이란 기다림을
갖게 된다
그때부터 늘어나는 무수한 기다림들
약속에 의해서든 자신이 스스로 만들어서든
기다림으로 인생이 간다
나이가 들수록 늘어나던 기다림이 줄어들면
늙어가는 증거다
기다림에서 해방되는 유일한 길은 사랑을
찾는 것밖에 없다
사랑을 기다림의 미학이라고 말하지만
사랑은 기다리는 것이 아니라 시간의 속박에서
탈출하는 것이며 내 사랑으로 시간을 정지시키고
과거와 현재에서 분리되는 것이다
자신이 만든 기다림에서 벗어나면 내 사랑이
보일 것이다
그 사랑과 세속의 약속으로 인한 기다림을
잊으면 그게 해탈일 것이다

네 잎 클로버

클로버 밭에서 네 잎 클로버를 찾아 다녔네
찾다가 지쳐서 포기할 때쯤 만난 사람들끼리
우린 모임을 결성했네
'행운을 믿지 않는 사람들'
서로들 회장을 맡지 않기로 해서 내가 맡았지만
모두들 행운을 기다리고 있었다네
이미 몇 개씩의 행운을 가지고 있으면서도
또 또 행운을 갈구하는 사람들
그래서 내가 회장으로 밀린 거라네
행운은 어디에 있을까 네 잎 클로버에 있을까
행운은 세 잎 클로버였네
내가 사랑하는 가족 친구 이웃이 행운이었네
무엇이든 마음 먹으면 창조할 수 있는 다수의 힘
행운은 정직하고 진실한 삶의 방식이었음을
왜 몰랐을까
클로버 밭에서 행운을 깔고 누워보네

연적이 없는 사랑은
면역력의 부재와 같다

나는 지금까지 사랑을 기다려 본 적이 없다
찾아다니고 설득하고 하다 보니
내 사랑은 시간이 걸렸다
세상의 어느 누가 사랑을 고백하면서
시작부터 사랑의 미래를 브리핑하겠는가
내 사랑은 2% 부족분을 이렇게 때웠다
그렇게 이루어진 사랑은 고난의 연속이었다
사랑은 그게 다가 아니었다
지속 가능한 사랑을 위해선 갖춰야 할
사랑의 덕목이 필요했지만 그걸 배운 적이 없었다
살다 보니 내 사랑은 그렇게 떠나갔다
이 나이 되어서야 젊은이들에게서 배운다
내게 찾아온 사랑을 나를 닮게 하지 말자
사랑은 봄바람 같은 거 그냥 느끼는 거
그리고 행복하면 되는 거

목이 잘린 장미가 선물로 왔네,
나는 장미 가시에 찔렸지만
내 피로 장미에게 새 생명을 주었네

장미꽃이 선물로 왔네
꽃을 선물로 받기는 너무 오래되어서
기억이 가물거렸네
"아직도 여자를 좋아하세요 술은요
목소리는 여전하시고요 지방에 계신다면서요
애인은 없어요
장미 몇 송이 보냅니다 건강하세요"
잠시 만났던 인연이 아직도 연락되는 것을 보면
개 같이 살아오지는 않았던 모양이다
지금까지 내 사랑은 즉흥적 일방적이었음을 알지만
고백을 받고 화가 나서
불면의 밤을 보냈을 당신껜 정말 미안하오
오늘 그 사람이 삼십 년이 지나서야 마음을 전해왔고
장미 가시에 찔린 나는 옛사랑에게
피로써 그 사랑이 아직도 유효함을 알렸다네
죽은 꽃이 내 피로 생명을 얻은 날이네

사슴아 사슴아 내 사랑아

사랑은 선생님들처럼 가르치지 않는 거
집안 돈 외모 학력 등을 비교하지 않는 거
상대의 실수를 조용하게 감춰주는 거
두 사람의 개성을 하나로 만들지 않는 거
헤어지기 전까지는
오로지 내 사랑은 당신뿐인 거
내 사랑 앞에서 잘난 척하지도 않고
상대를 비하하지도 않는 거
내 사랑을 위해서 더 열심히 일하는 거
내 가족을 위해서 희생할 준비가 되어 있는 거
처음처럼 지속적으로 사랑할 수 있는 거
내 사랑과 가족 앞에서 인상을 찌푸리지 않는 거
집안 곳곳을 가족 모두를 밝고 편안하게 만드는 거
건강하게 사는 거

2부

우리 처음 만난 날
홀딱 벗고서 심장을 보여준 당신

나에게 모든 것을 보여주면서도
부끄러워하지 않던 당신
가진 걸 다 보여줄 수 있는 사람은
사귀지 말라고 했네요
무섭거나 바보거나 둘 중 하나리고
그런데 오늘 속살을 보여준 당신
우리 처음 만난 거 맞나요
내 머릿속만큼이나 복잡한 여름이
마지막 발악을 하고 있답니다
붙어서 있으면 덥고 떨어져 있으면 무심한 놈
이렇게 여름이 갑니다
나는 당신 앞에서 옷을 벗지는 않겠지만
당신을 볼 때마다 부끄러움에 물든
하루하루를 힘들게 버틸 거예요
다른 건 몰라도
이젠 아무 데서나 옷을 벗지 마세요
나쁜 사람

산 깊은 곳에 당신도 있었네

그나마 덜 오염된 식물과 동물들이
모여 사는 곳
세상이 싫어서도 아니고
인간들의 소음을 피해서 숨어든 곳
아직은 사람과 동물들과 식물들이
서로 소통은 하지 못하네
해가 뜨면 모이고 해가 지면 흩어져서
별을 보다가 지쳐서 잠이 드는 곳
이곳에 내가 사랑하는 사람이 있네
살아오면서 내게 그 흔한 부탁 한번 없던 사람
"내게 소원이 있다면
당신과 밤새워 입 맞춰 보는 거
당신에게도 오리온 좌가 보이나요
내 꿈의 여행은 지금 그곳을 지나고 있어요
안녕 내 사랑"
당신이 부르는 한밤중의 세레나데
산 깊은 곳에 당신도 있었네

사랑의 길

사랑의 길은
작은 배낭을 둘러메고 산길을 찾아 걷는 방법과
소형승용차를 몰면서 목적지까지 GPS로
찾아가는 방법 등이 있다
어디 두 가지 방법만 있으랴
하지만 모두 자신에게 최적화된 방식으로
자기가 선호하는 사람을 찾는 것이 선행되고 나서야
사랑을 찾아 떠날 준비가 됐다는 것이다
내가 사랑을 얘기하자 당신의 사랑은 끝났다고 한다
왜 사랑을 나이로 하는 것이라고 믿을까
사랑은 어느 날 문득 폭발하는 열정으로 하는 것
그리고 숨어 있는 내 사람의 매력을 찾아가는 것
이 나이 되어서
사랑을 느낄 수 있는 사람을 찾아낸 것만으로도
내 인생은 막장 드라마가 아닐세
사랑의 길은 무수히 많은 길이 있겠으나
내 사람을 아껴주고 이해해 가는 것이
진정한 사랑의 길이다

길의 끝에는 당신의 표류 중인 마음이 머문다

길은 보이지 않네
달도 뜨지 않은 그믐밤
당신 마음도 아직 도착하지 못했네
이 길의 끝에는 무엇이 기다리고 있을까
같이 가도 힘든 길을
당신은 오늘 밤 혼자 떠날 테고
멀어지는 헤드라이트 불빛을 바라보며
나는 속상해서 훌쩍일 테고
그렇게 밤은 가겠지
당신은 아직도 마음을 잡지 못했네
사랑이 뭐 별건가요
만나고 대화하고 밥 먹고 하다 보면
정이 들고 그게 사랑인 게지
하지만 난
한 번 떠난 마음 잡을 수가 없었네
당신이 간다고 해도 붙잡을 수 없었네
사랑하는 당신, 안녕

운명적인 사랑은

아무나 하는 것이 아니다
사로 미쳐야 하기 때문이다
이 사랑은 이루어진 예가 극히 드물다
사랑의 주변에 붙어선 사람들이
기존의 질서와 격이 다른 사랑을 절대
용납하지 못하는 이유에서다

나는 사랑의 사냥꾼이지
늑대가 아닌데도 말아야

늑대라고 말하지 마,
나는 외로운 사랑의 사냥꾼일 뿐

나는 사랑의 사냥꾼이지 늑대가 아니야
오늘 눈 쌓인 언덕에서 아주 예쁜 사슴을 보았단다
예전에는 늑대만 좋아했었는데
세상은 넓다는 걸 처음 알았어
먹던 음식을 사랑하다니
식인종이 사람을 잡아놓고 여자의 눈에 빠져서
사랑하게 된다는 진부한 얘기는 그렇다고 쳐도
내가 사랑에 빠진 것을 알았을 때 함박눈은
펑펑 쏟아지고 세상은 적막에 휩싸이고 있었어
그런데 말이지
회색늑대 사이에선 내가 붉은늑대일 거라는 거야
늑대는 나 같지 않다는 거지
하지만 말이다 늑대도 보는 눈은 있단다
나는 예쁜 사슴을 사랑하는데
사슴은 목숨만 살려달라는 거야
눈은 쏟아지고 사슴의 눈에선 눈물이 떨어지고
나는 처음으로 내가 늑대였었던 것을 후회했어

사랑,
별을 보면 생각나는 당신

오늘 밤은 유독

당신의 어깨너머로 유성이 많이 떨어집니다

당신을 사랑하게 해달라고 소원을 비는 사람이

더 늘어난 모양입니다

이 세상에 소원 빈다고 이루어질 사랑이면

헤어질 사랑 어디 있겠어요

사람은 수식어가 붙는 사랑과

3초 안에 운명적으로 결정되는 사랑으로 구분됩니다

밝고 건강한 사랑이면 받아들이세요

사랑은 건강할 때 더 아름답고

나이 들면 힘들답니다

얼마 남지 않은 올해도

저 밤하늘의 별처럼 빛나게 보내세요

시월이 가면 당신은
그래도 시월이 가면 당신은

어디에 계실 건가요

별빛은 저렇게 내 가슴속을 할퀴어 드는데

당신은 왜 숨겨놓은 삭도를 꺼내어

내 머리를 밀고 있는 건가요

새벽이면 머리가 있던 자리에 서리가 내리고

귓가엔 머리칼을 썰던 파공음만 가득하오

이젠 어디로 가려 하오

그 모습으론 안 돼요 벌써 겨울인 걸 잊었소

잔디를 잘라내도 다시 올라오듯이

사랑을 자른다고 우리 사랑이 끝날 거 같소

눈이 내리면 창가에 눈으로 만든 장승을 세우고

겨우내 당신을 기다리겠소

가지 마시오

은하수를 사이에 두고 만나는 건

견우직녀로 족하오

가을 내 사랑아

당신
내가 사랑하는 당신

어느 날

그날은 가을이었어요

새벽부터 섬찟한 추위가 나를 에워쌌어요

그리고

정말 가을이 내려앉았어요

그 위에 앉아 있는 당신

별은 축복처럼 쏟아지고 제겐

당신 자체가 전설이네요

저 좋아하세요

저 별보다요

저 은하수보다요

그래요 난 당신을 사랑합니다

등대 가는 길

우린 전화번호도 메일도 서로 모르오
나를 찾을 수가 있겠소
비바람이 불지 않더라도
우린 한 번도 만난 적이 없잖소
내가 당신을 모르듯
당신도 아직 나를 모르면서
우린 운명 하나만 믿고
무작정 떠나길 약속했었소
당신이 먼바다 혹은 은하수에서라도
나를 알아볼 수 있도록
내 모습을 레이저로 송신할 계획이오
지금 등대로 가고 있소
등대 가는 길은 당신을 만날 생각에
설렘으로 가득하오

밀밭에서 당신이 오기를 기다렸네

나는 밀 하면 빵이나 라면을 생각했었지

그 밭은 양탄자 같은 부드럽고 멋스러운 곳

달콤한 사랑을 나누며 꿈을 속삭이기

당신도 꽤 좋아할 곳이라고만 생각했었지

이런 곳일 줄 알았겠었나

여기에서 할 수 있는 게 뭐가 있겠나

당신이 화를 내기 전에 다른 곳으로 가야 될 텐데

보릿고개 지나서 햇볕은 날로 독해져 가는데

주위엔 나무 그늘 하나 없구나

밀밭이면 어떻고 보리밭이면 어떻고

세상이 변해도 당신은 올 테고

당신이 변하면 나도 따라 그 모습으로 변해 있을

최적화된 우리 사랑이여

당신이 있는 그곳 별나라

그렇게 악다구니를 떨던 여름이 가고
당신을 닮은 가을이 왔습니다
저는 당신이 좋습니다
시원해서가 아니라
할 말 다 하는 성격 때문이 아니라
당신이 정말 예뻐서요
여름이 가고 나니
맑은 하늘에 별이 많아져서 좋습니다
당신을 닮은 별 그리고 내가 좋아하는 별
아 아득하게 보이는 외로운 별
찬란한 가을밤이
오늘 소나타를 연주하고 있습니다
나도 나이가 드는 모양입니다
사랑하는 분 늘 건강하소서

외로워서가 아니라
대화할 상대가 없어서 비를 맞는다

외로워서 비를 맞는다면 이 세상 사람들

절반은 비를 맞아야 해요

외로운 게 아니에요

내 이름을 듣고 싶은 거예요

나를 불러주는 목소리가

듣고 싶은 거라는 거 아시죠

부부간의 애정도 서로 불러줘야 쌓이고

사랑도 불러줘야 이루어져요

우리 외로워서 비를 맞는 일은 이젠 없기로 해요

누가 먼저라고 말할 것도 없이

그냥 불러주기로 한 당신 고맙고 사랑해요

나는 당신의 그런 모습에 반했어요

당신이 가장 멋있을 때가

지금같이 살가운 모습이에요

안개꽃처럼

안개꽃을 좋아하던 사람이 있었습니다
그 사람이 기다리던 꽃이 피었길래
항아리에 담아 보았습니다
여름이 베란다에 매달려서
마지막 구애를 하고 있습니다
당신을 닮은 안개꽃처럼
건강한 하루 천천히 여소서

장미야,
우리 사랑도 대체될 수 있을까

오늘 대체휴일을 보내면서

막걸리를 한잔하게 됐단다

휴일 말고 대체할 수 있는 게

뭐가 있을까

사랑 인생 목숨 그리고 또 뭐가 있을까

제자리에 앉아 있지 않은 못된

연놈들을 대체하는 방법은 없을까

장미야 오늘 너를 만나니

저 불쌍한 사람들이 눈에 밟히는구나

대체해서 만든 공휴일에 막걸리를 따르면서

어린이날을 챙겨주지 못한

부모들이 보낼 피 같은 하루를 지켜본다

어린이날을 무료데이로 만들면 어떨까

무료데이가 만드는 아름다운 대한민국

장미야 내 사랑 장미야 우리 사랑도

대체될 수 있을까

오늘 오실 건가요

나는 당신을 기다리고
당신은 치성 끝에 비로 변한 사람
쌓인 설움 눈물로도 모자라
나를 만나면 비로 퍼붓는구려
오늘은 당신이 싸락눈으로 변해주오
해묵은 한을 싸락눈으로
구석구석 뿌려주오
뿌려도 뿌려도 속이 풀리지 않으면
나를 눈사람으로 만들고 떠나가소
안 돼 내 사랑 이대로는 못 보내네
팔월이나 지나면 천천히 떠나가소

그믐달이 뜨면

그믐달이 뜨면 하늘의 골이 깊어진다
가슴에 모아 두었던 지난날을
이젠 묻어야 할 때
달이 지면 어떡하나
밤하늘엔 별들의 조문 행렬이
축제처럼 시작되었다
더 밝고 더 찬란한 죽음의 퍼포먼스는
죽은 자의 것이 아니라
새 생명에 대한 축복을 담은 기도다
달이 뜨고 지는 것을 보면
우리의 삶도 이와 같겠지만
사람에 따라서 주기가 다르다는 것을
오늘 배워야 한다
그믐밤엔 유성우도 내리지 않는다
떠난 사람을 오래 붙잡고 서 있는 것도
아름다운 일은 아니다
하늘의 골에 안장한
내 지난날과 헤어지는 밤은 언제나 슬프다

사랑은 표시를 내는 게 아니에요

공부를 많이 한 사람일수록 초기엔
학문을 뽐내고 싶은 현학적인 욕망이 있는 것처럼
사랑도 처음 하는 사람은
자신만의 기준을 만들려고 한답니다
사랑은 요일 같은 게 아니에요
표시 나면 재미없잖아요
요즘 사람들처럼 현학적인 사랑을 하게 되면
일 년 내내 기념일을 만들어야 하고
두꺼운 성문법 같은 사랑법이 있어야겠지만
사랑은
유전학적으로 몸에 자연스럽게 밴
DNA 정보처럼 판례법에 가깝다는 것을 아셔야 해요
더위에 지난주 고생하셨겠지만
오늘도 생색내지 않고 일터로 나갈
당신의 사랑법을 가족은 자랑스러워합니다
사랑은 표시 나지 않게
마음으로 응원하는 불문율 같은 거랍니다

장미를 보다가

카페에서 웃고 있는 당신을 처음 보았어요
긴 목선에 실목걸이가 아름다운 그녀는
계속 웃고 있었어요
이름은 뭘까 나이는 얼마나 됐을까
휴대폰을 쥔 하얀 손이 아름다워요
목요일 오후에 쏟아지는 햇살과 흰색 장미의
향이 코끝에 전해오네요
목요일에 만난 당신

이 비는 당신이
내게 내리는 비요

오늘 밤 당신이 사랑하는 사람들에게
당신의 이름을 붙인 비가 집집마다 내릴 거요
끔찍한 팔월의 더위를 식혀 줄 비가
당신의 이름으로 내릴 거요
그래서 당신만 괜찮다면 하느님 대신에
당신의 사랑이 내려주는 사랑의 비라고
이름을 짓고 싶소
팔월엔 당신이 필요하오
일 년 내내 필요하겠지만 오늘은 꼭 와주시오
보고 싶은 당신
지금 당신을 마중하러 술집에 가고 있오
소주 몇 병 먹다 보면 저쯤에서 기다리고 있을
당신을 믿고 싶소

너를 처음 만난 날

너를 처음 만나고 돌아올 때
가을과 겨울 사이에
계절이 하나 더 있었으면 하고 빌었다
그리고 인생이 짧음을
처음으로 안타까워하기도 했다
네가 식물의 한 종이라면
내가 식물이 될 수도 있음을
가슴속의 순수에게 속삭였다
하늘은 당신을 닮아 더욱 맑고
당신은 하늘을 닮아
더 깊고 푸른 미소를 뚝뚝 흘리고 있었다
내가 다시 사랑을 하게 된다면
지금 이 순간일까
얼마나 긴장했으면 새들은 입을 가렸고
바람은 시들대다가 내 앞에서 멈췄다
너를 처음 만난 날
새벽하늘엔 서슬 퍼런 하현이
그때까지도 지지 않고 있었다

1부

5부 ·

십일월의 눈 · 121
혼자서 비를 기다린다 · 122
우리는 덥겠지만 아이는 이 모든 것이 재미있답니다 · 123
아침부터 바람이 불더라 · 124
맑은 물을 만나면 · 125
땅에는 눈이 가득하고 하늘에는 별이 가득합니다 · 126
달 보러 나가세 · 127
덥다고 세상 모두가 손을 놓고 사는 것은 아니라네 · 128
여름에 겨울을 그리워하네 · 129
월요일 새벽비를 보냅니다 · 130
핑계를 대지 마 · 131
행운에 대한 고찰(考察) · 132
주민등록증의 나이를 지웁니다 · 134
그렇고 그런 날 우울한 날 마음이 편한 날 · 135
춤 · 136
이 나이의 명상법 · 137
십이월 첫날에 · 138
산에 오르는 이유 · 139
산을 오르고 싶을 때
   순수한 맘이 아니면 오르지 마시게 · 140
누가 하느님의 자식인가 · 142

4부 ·

집에 가는 길 · 93
가을비가 내리네 · 94
말 대신 미소로 대화하는 사회 · 95
가을이 숲속에서 그림자로 변하고 있네 · 96
내가 사랑하는 당신 오늘도 꿈같은 하루가 열리시길 · 97
은하수를 밤새도록 본 적이 있나요
   그러면 제 얘기를 이해하실 거예요 · 98
별이 뜨면 뜨는 대로
   별이 지면 지는 대로 그대로 두어라 · 100
어머니와 마누라의 고향을
   옮겨다니는 새, 내 이름은 철새 · 102
시월의 산에서 송이를 찾는 것처럼 · 104
나는 사랑에 빠진 늑대다 · 106
가을 바다는 · 108
할머니가 애지중지하던 감나무에 올해는
   사무치는 그리움만큼이나 감이 열렸습니다 · 109
겨울 하늘을 보네 · 110
동지의 강 · 111
내가 좋아하는 사람은 · 112
김치찌개 블루스 · 113
막걸리 블루스 · 114
문이 열리면 · 115
주무실 거예요 · 116
독수리처럼 · 118

3부 ·

네 이름은 불사화 · 67
코스모스 한 송이가 손짓하는 새벽 · 68
밤에 당신의 침실로 흐르는 강
   그리고 잠든 영혼을 흔드는 강 · 70
내가 새를 보는 것이 아니라 새들이 나를 보고 있다네 · 72
구월을 보내며 · 73
당신이 오든지 함박눈이 오든지 해야겠습니다 · 74
민들레는 가슴으로 낳은 핏줄을
   다 날려 보낸 후 눈을 감았네 · 75
코스모스에게 배우자 · 76
시월의 산을 보다 · 78
코스모스 길 끝나는 곳에선
   지금도 나를 기다릴 당신이 있네 · 79
피오르(fjord) · 80
가을은 그냥 오고 가는 것이 아니다 · 81
민들레야 민들레야 · 82
가을이 떠나가네 · 83
십일월의 달을 보면 · 84
시간은 삶의 궤적이 아니라
   시간이 이동하면서 남긴 사랑의 잔영이다 · 85
그 벤치 위에 당신이 좋아하던 눈은 내리고 · 86
이젠 당신을 떠나려 하네 · 87
사십이 넘은 꽃 진달래야 · 88
영화관에서 · 90

2부·

사슴아 사슴아 내 사랑아 · 37
목이 잘린 장미가 선물로 왔네, 나는 장미 가시에 찔렸지만
   내 피로 장미에게 새 생명을 주었네 · 38
연적이 없는 사랑은 면역력의 부재와 같다 · 39
네 잎 클로버 · 40
기다림에 대하여 · 41
별과 술 - 외로워야 별이 보인다 · 42
이른 새벽인데도 배 한 척이 나를 기다리네 · 44
모아이 별을 가지고 은하수를 만들다 · 46
가을은 그렇게 소멸되고 있었다 · 47
등불은 빛으로 말한다 · 48
장미야, 지금은 내 사랑이여 · 50
겨울바다 · 52
그날 등불이 켜졌다 · 54
내 마음의 홍조 · 55
구름 속에서 혹은 구름 밖에서 · 56
하늘이 내려오다 · 57
기다리는 배 · 58
명품은 옷과 장신구가 아니고 당신이
   부모님에게서 물려받은 육신이다 · 60
비벼서 만드는 인연의 세상 · 62

목차

책머리에 · 5

1부 ·

너를 처음 만난 날 · 13
이 비는 당신이 내게 내리는 비요 · 14
장미를 보다가 · 15
사랑은 표시를 내는 게 아니에요 · 16
그믐달이 뜨면 · 17
오늘 오실 건가요 · 18
장미야, 우리 사랑도 대체될 수 있을까 · 19
안개꽃처럼 · 20
외로워서가 아니라 대화할 상대가 없어서 비를 맞는다 · 21
당신이 있는 그곳 별나라 · 22
밀밭에서 당신이 오기를 기다렸네 · 23
등대 가는 길 · 24
당신 내가 사랑하는 당신 · 25
시월이 가면 당신은 그래도 시월이 가면 당신은 · 26
사랑, 별을 보면 생각나는 당신 · 27
늑대라고 말하지 마, 나는 외로운 사랑의 사냥꾼일 뿐 · 28
운명적인 사랑은 · 30
길의 끝에는 당신의 표류 중인 마음이 머문다 · 31
사랑의 길 · 32
산 깊은 곳에 당신도 있었네 · 33
우리 처음 만난 날 홀딱 벗고서 심장을 보여준 당신 · 34

책머리에

시를 쓰다 보니
혼자 산다는 것은 좋을 수도 있고
나쁠 수도 있는 양면성을 가지고 있었다.
하지만 어떠한 경우에도
슬픔과 부정적인 생각을 기반으로 해서는
안 된다는 것이다.
이 세상을 처음 살아 보는 사람들끼리
만들어 가는 세상에선
인생이 사랑만으로도 너무 바쁘고 짧기 때문이다.
좋은 생각은 세상을 밝게 만들어 간다.
《카톡 통신》이 많이 부족한 것을 안다.
그러나 6월의 볕을 닮아서 바뀌어 가는 모습을 본다면
너무 이기적일까.

2025년 6월에
장일환

카톡 통신 3

장일환 시집

SUN

카톡 통신 3

ⓒ장일환

초 판 1쇄 발행 2025년 6월 27일

지은이 장일환
펴낸이 정선모
디자인 가보경 이소윤

펴낸곳 도서출판 SUN
출판등록 제25100-2016-000022호
주 소 서울시 노원구 덕릉로 94길 21. 205-102
mobile 010. 5213. 0476
e-mail 44jsm@hanmail.net

ISBN 979-11-88270-95-8 (03810)
값 15,000원

• 잘못된 책은 바꿔 드립니다.
• 이 책의 전부 또는 일부 내용을 재사용하려면 사전에 저작권자와 도서출판SUN의 동의를 받아야 합니다.

카톡 통신 3